GENOUVRIER GRUWEZ

GRAMMAIRE FRANÇAISE

Émile Genouvrier,
docteur en sciences de l'éducation,
professeur de linguistique à l'Université de Tours

Claudine Gruwez,
conseillère pédagogique
Mission académique à la formation des personnels de l'Éducation Nationale

illustration de Danielle Rivier
maquette de Jean-Pierre Raulot

2

C'est ennuyeux ce qui arrive : la fusée Ixtra vient de tomber en panne sur la planète Grammaire. Et le mécanicien est formel : il manque une pièce pour réparer.

Cette planète a l'air complètement déserte !

« **C**e n'est sûrement pas en vous lamentant que les choses s'arrangeront ! »
Max a sorti le matériel d'exploration de la fusée et en a commencé
la distribution.

— Max doit avoir raison... Il faut faire quelque chose !

4

ISBN 2.09.135101.6

Et l'exploration commence...

AVERTISSEMENT

Les Ixtras ont atterri sur la planète Grammaire par accident et ils n'ont qu'une idée en tête : réparer leur fusée en panne et repartir ! Il leur faut donc trouver de l'aide : et pour cela, parcourir la planète en ses deux domaines, apprendre la langue qui s'y parle, s'initier au travail qu'on y fait. Comme les élèves du CE, finalement...

Ils ne manquent pas de talent, ces Ixtras : ils seront des guides précieux. Ils ne manquent pas non plus de fantaisie : mais n'en faut-il pas sur une telle planète ? Quoi qu'il en soit, à leur suite les élèves sont sûrs de faire beaucoup de grammaire...

*Peut-être apprendront-ils aussi à mieux lire une BD : c'est-à-dire un texte **et** des images spécialement créés pour eux et que l'on pourrait, sérieux aidant, regarder plus attentivement qu'à l'habitude. Peut-être même, si cela leur est proposé, pourront-ils inventer d'autres épisodes, écrire et dessiner à leur tour : s'exprimer et inventer. Comme les Ixtras, finalement.*

Danielle Rivier et Émile Genouvrier

Sur la planète Grammaire, il y a deux domaines :

LE DOMAINE DE LA PHRASE

Les exercices d'approfondissement sont signalés par une balise de couleur :
▶ , ▶ ou ▶ selon les leçons.

Ces deux domaines sont à explore

LE DOMAINE DU VERBE

P.49

LE DOMAINE DE LA PHRASE

C'est ainsi qu'un groupe d'Ixtras s'aventure dans le domaine de la phrase...

1. La phrase ordinaire

*La partie orale et les exercices collectifs correspondant à cette leçon se trouvent dans le guide pédagogique : **Grammaire pour enseigner le français à l'école élémentaire** page 47.*

1. Tu mets les points.

Les rues sont couvertes d'un léger brouillard Le soleil ne se décide pas à percer Des gouttes d'eau se forment sur les carreaux L'automne va arriver

2. Tu mets les majuscules.

les feuilles des arbres jaunissent. certaines commencent à tomber. on peut déjà ramasser des marrons dans les parcs.

3. Tu mets les points et les majuscules.

j'aime bien les premiers brouillards c'est le moment de la rentrée je retrouve mes camarades ensemble, on reprend le chemin de l'école

4. Tu te sers des éléments qui sont donnés pour faire des phrases.

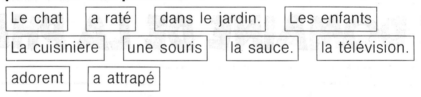

Le chat	a raté	dans le jardin.	Les enfants

La cuisinière	une souris	la sauce.	la télévision.

adorent	a attrapé

5. Les phrases de ce texte ont été mélangées, tu les remets dans l'ordre.

Il s'est fait écraser. Il était très mignon. J'avais un chat qui s'appelait Pompon. Je l'ai enterré dans mon jardin.

6. Sais-tu faire un gâteau ?
Réécris dans l'ordre les actions à faire.

Versez dans un moule. Faites un trou dans la farine. Versez 250 g de farine dans un saladier. Mélangez doucement. Ajoutez un peu de lait et de sucre. Mettez à four chaud. Cassez trois œufs.

7. Tu cherches avec le maître des façons différentes
pour écrire les majuscules de :

r ......   a ......   t ......   b ......   f ......   n ......
... et d'autres si tu as du courage !
Tu peux en découper dans des journaux...

8. Tout a été mélangé, il manque les points et les
majuscules ! Tu remets de l'ordre dans le texte...

Nous roulons déjà à toute allure les portières se ferment toutes seules le chef de gare siffle très fort les derniers voyageurs se dépêchent de monter

2. *La phrase interrogative*

*Partie orale et exercices collectifs : voir **Grammaire pour enseigner le français** p. 50.*

**1. Tu complètes en mettant un point
ou un point d'interrogation.**

Une porte claque Est-ce que le vent l'a poussée As-tu claqué
cette porte La pluie va tomber Est-ce déjà l'automne

**2. Tu complètes en mettant un point
ou un point d'interrogation.**

Le vent gémit sous les toits Est-il aussi fort qu'hier Va-t-il
emporter les arbres Il est trop violent Les arbres ne peuvent
pas lui résister Est-ce que cette tempête va tout détruire

**3. Tu soulignes les phrases-questions ;
puis tu les transformes en phrases ordinaires.**

Les champignons poussent dans les bois.
Aimes-tu te promener dans la forêt en automne ?
Est-ce que tu connais le chant du rossignol ?
La nuit, tous les chats sont gris.

L'exploration continue...

4. Tu soulignes les phrases-questions.

Le paysan est dans son champ.
Est-ce qu'il a vu les hirondelles se grouper sur le fil ?
Il n'y a pas de temps à perdre !
L'hiver va venir.
Aura-t-il fini ses travaux à temps ?

5. Tu transformes ces phrases en phrases-questions. [?] →

Tu me prêtes tes billes. →
Jean est sorti. →
Vous avez ramassé beaucoup de champignons. →
Vous avez trouvé des feuilles mortes. →

6. Tu donnes une autre forme de phrase-question.

La pluie tombera-t-elle encore longtemps ? →
L'hiver sera-t-il froid ? →
Votre manteau sera-t-il assez chaud ? →
Est-ce que tu as mis tes gants ? →

7. Tu donnes les trois formes de phrase-question.

Nous irons au bois dimanche.
L'écureuil a peur des promeneurs.
La chasse est ouverte.

8. Même exercice.

Ils vont à la piscine toutes les semaines.
Il aura fini de bêcher son jardin avant les gelées.
Vous vous promenez souvent dans le jardin.

3. La phrase exclamative

*Partie orale et exercices collectifs : voir **Grammaire pour enseigner le français** p. 53.*

1. Tu transformes les phrases en phrases exclamatives. [!] →

La classe est bien rangée.
Paul joue mal au ballon.
Ce bouquet est joli.
Tu as sali ton pantalon.

2. Tu transformes les phrases en phrases ordinaires. [.] →

Que ta rue semble calme !
Comme elle est agréable !
Que tes voisins sont bruyants !
Oh ! comme cet exercice est ennuyeux !

3. Tu fais les transformations.

Paul est mauvais joueur. [!] →
Comme cette rue est passante ! [.] →
Comme cette rue est passante ! [?] →
Il va encore neiger ! [.] →

4. Tu fais les transformations.

Tu aimes jouer à la balle au prisonnier. [!] →
Tu aimes jouer à la balle au prisonnier. [?] →
Comme ce chien est intelligent ! [.] →
Comme ce chien est intelligent ! [?] →
Quelle belle poupée tu as ! [.] →
Quelle belle poupée tu as ! [?] →

5. Tu complètes avec un point ou un point d'interrogation ou un point d'exclamation.

Le joli petit chat   Est-ce qu'il est à toi   Comme ses pattes sont douces   Il ferme les yeux   Crois-tu qu'il va dormir

6. Comme tous les Ixtras, Roger parle... la langue ixtra. À toi de traduire !

Tu inventes des phrases pour mettre dans les bulles.

Roger, le plus gourmand des Ixtras, a fait des prélèvements de points et de virgules. MIAM MIAM, se dit-il, les prenant pour des roumbloudoums, qui sont les fruits les plus délicieux de la planète Ixtra.

4. La phrase négative (1)

*Partie orale et exercices collectifs : voir **Grammaire pour enseigner le français** p. 61.*

1. Tu réécris les phrases à la forme affirmative. [a] →

Ex. : Il ne pleut pas. [a] → *Il pleut.*
Maman ne pense pas à ses enfants. →
Je n'aime pas le chocolat. →
Je ne regarde pas la télévision tous les soirs. →

2. Tu transformes les phrases en phrases négatives. [ne] →

Ex. : Jean chante bien. [ne] → *Jean ne chante pas bien.*
Maman crie souvent. →
Nous allons à l'école le mercredi. →
Jean a peur de l'orage. →
J'écoute la musique en travaillant. →

3. Tu réponds aux questions en commençant par « oui » ou « non ».

Aimes-tu le chocolat ?
Te laves-tu les mains avant de manger ?
Vas-tu en classe le dimanche ?
S'il pleut, prends-tu un parapluie ?

4. Tu réponds aux questions en commençant par « non ».

Achètes-tu du pain à cette boulangerie ?
As-tu ramassé des marrons ?
Y a-t-il du soleil, ce matin ?

Bob et Camille découvrent les premiers la salle des machines de la planète Grammaire Merveille ! se disent-ils, elles vont pouvoir nous dire où trouver la pièce qui manque.

5. Tu lis ce texte : ◄

Monsieur et Madame Martin sont de mauvaise humeur.
Les enfants ont fait des bêtises !
Le chien a mangé le tapis !
Le téléphone sonne sans arrêt !
Quelle soirée !

Tu transformes maintenant les phrases affirmatives en phrases négatives et tu réécris le texte :

Monsieur et Madame Martin ne sont pas...

....

Quelle bonne soirée !

6. Quelle question a-t-on posée pour obtenir cette réponse ?

...? — Il est huit heures, madame !
...? — Merci, je n'ai plus faim.
...? — Non, je préfère le cinéma.

7. Avec Bob et Camille, va visiter la salle des machines. Tu inventes les consignes des cinq pancartes vides.

5. *La phrase négative* (2)

Partie orale et exercices collectifs : voir **Grammaire pour enseigner le français** *p. 63.*

1. Tu écris l'une à côté de l'autre les phrases contraires.

J'ai déjà pris l'avion.
Il pleut encore.
Mon père regarde toujours la télévision.
Je n'ai rien à te raconter.

> Mon père ne regarde pas la télévision.
> Je n'ai plus pris l'avion.
> Il ne pleut plus.
> J'ai quelque chose à te raconter.
> Mon père ne regarde jamais la télévision.
> Je n'ai pas encore pris l'avion.

2. Tu fais fonctionner la machine [ne] →

Ex. : Tu racontes quelque chose. → Tu ne racontes rien.
Pierre a rencontré quelqu'un dans le couloir. →
Tu vas souvent au cinéma. →
Tu racontes une histoire. →
Jean a déjà pris l'avion. →

3. Tu trouves la phrase de départ.

Ex. : Il y a encore du pain. [ne] → *Il n'y a plus de pain.*

.... [ne] → Ce chat ne miaule jamais.
.... [ne] → Le bus n'est pas encore passé.
.... [ne] → Non, le directeur n'est jamais là.
.... [ne] → Il n'y a rien dans le placard.

Ils posent leur question en différentes langues. Ils utilisent tous les signes qu'ils connaissent sur tous les tons !

4. Tu complètes.

Ex.: Je sais toujours mes leçons.[ne] → *Je ne sais jamais mes leçons.*

Paul joue encore.   [ne] → ....

....   [ne] → Je ne sors jamais le soir.

....   [ne] → Il ne reste personne dans la classe.

J'ai quelque chose à te dire.   [ne] → ....

5. Tu fais les transformations l'une après l'autre.

Ex. : Il y a encore du pain. [ne] → *Il n'y a plus de pain.*
                           [?] → *Il n'y a plus de pain ?*

Tu as déjà pris l'avion. [ne] → ....
                     [?] → ....

Jean est encore dehors. [ne] → ....
                   [?] → ....

Il y a encore du pain pour ce soir. [ne] → ....
                          [?] → ....

6. Tu réponds aux questions qui te sont posées.

Emmènes-tu toujours une balle à l'école ?
As-tu déjà bu du champagne ?
Y a-t-il quelque chose dans ta poche ?
Es-tu déjà allé à la mer ?
Es-tu déjà montée dans une fusée ?

Camille va avoir une idée...

> **Dans un texte, il y a des phrases.**
> **La phrase commence par une majuscule**
> **et se termine par un point (.)**
> **ou un point d'interrogation (?)**
> **ou un point d'exclamation (!)**

1. Dans ce texte, combien y a-t-il :
- **de phrases ?**
- **de majuscules ?**
- **de points ?**

Papa revient de son voyage en autobus. Maman, Sarah et Malik l'attendent. L'autobus arrive. Papa descend. Malik court vers son père. « Bonjour, Papa ! As-tu fait bon voyage ? »

2. Tu remplis le schéma à partir du texte de l'exercice 1.

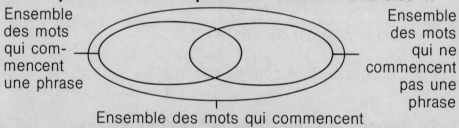

Ensemble des mots qui commencent une phrase

Ensemble des mots qui ne commencent pas une phrase

Ensemble des mots qui commencent par une majuscule.

3. Voici des phrases qui ont été découpées.
Retrouve-les.

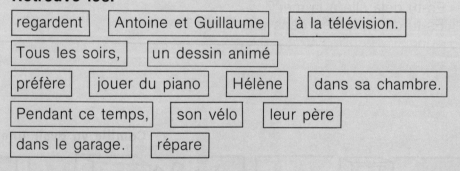

| regardent | Antoine et Guillaume | à la télévision. |

| Tous les soirs, | un dessin animé |

| préfère | jouer du piano | Hélène | dans sa chambre. |

| Pendant ce temps, | son vélo | leur père |

| dans le garage. | répare |

4. Tu mets les points et les majuscules.

j'ai une petite chienne qui s'appelle Jessy elle joue au ballon avec moi elle cache mes chaussettes quand je suis à l'école, elle s'ennuie

5. Tu te sers des phrases pour réécrire un texte.

Bonjour, les enfants !

Avez-vous bien dormi ?

Il est huit heures.

Il faut se lever !

Elle ouvre les rideaux.

Maman rentre dans la chambre.

6. Dans ce texte, combien y a-t-il :
- **de phrases ordinaires ?**
- **de phrases interrogatives ?**
- **de phrases exclamatives ?**

Promenons-nous dans les bois, pendant que le loup n'y est pas. Loup, loup, es-tu là ? Qu'est-ce que tu fais là ? — Je mets ma chemise !

7. Tu termines les phrases par . ou ?

Bonjour Guillaume   As-tu bien déjeuné
Mais, oui madame   J'ai mangé du pâté
Mon bon Guillaume, et m'en as-tu laissé
Et non, madame, car j'ai tout avalé

8. Tu termines les phrases par . ou ? ou !

> Brin d'Osier entre dans la chaumière des trois ours
> Quel désordre dans la chambre   Qui a cassé cette tasse
> Qui a laissé traîner son pantalon   Qui s'est assis sur ce fauteuil
> — Eh ! les ours, êtes-vous là   Personne ne répond
> Il va encore falloir que je range

...Camille vient d'avoir une idée...

**Une phrase peut être négative
ou affirmative.**

**9. Voici deux séries de phrases.
Tu réécris l'une sous l'autre la phrase affirmative
et la phrase négative correspondante.
S'il en manque, tu les inventes.**

> Il fait chaud.
> Est-ce que vous avez trop chaud ?
> Oh, il fait froid !
> C'est le moment de sortir les lainages.

> Oh, il ne fait pas froid !
> Ce n'est plus le moment de sortir les lainages.
> Est-ce que vous n'avez pas trop chaud ?
> Il ne fait pas chaud.

10. Pour chaque phrase, tu retrouves la phrase affirmative correspondante.

Mon frère n'aime pas regarder la télé. →
Papa ne lit pas le journal. →
Les enfants n'ont pas le droit de courir sur la pelouse. →
Tu ne peux pas te baigner dans cette piscine. →

11. Pour chaque phrase, tu retrouves la phrase négative correspondante.

Il y a encore des feuilles dans les arbres. →
Je travaille toujours pendant les vacances. →
On sait déjà faire des multiplications. →
Il y a quelqu'un derrière la porte. →

12. Tu donnes une autre forme de phrase interrogative.

Est-ce que vous viendrez avec nous en vacances ?
Où est-ce que tu vas, Antoine ?
Aimes-tu les nouilles au beurre ?

**13. Certaines phrases sont vraies, d'autres sont fausses !
Tu réécris les phrases fausses pour qu'elles deviennent
vraies.**

En France, les garçons portent une jupe.
Les filles ne sont jamais en pantalons.
Les Écossais portent parfois une jupe.
Les filles sont quelquefois habillées comme les garçons.
Au mois d'août, il faut toujours mettre un gros manteau.
Il neige souvent l'été.

**14. Voici le règlement d'un jardin public. Écris le même
règlement pour un pays où tout est permis aux enfants.**

Les enfants n'ont pas le droit de cueillir les fleurs. Ils ne
peuvent pas nourrir les canards. Ils ne joueront pas à cache-
cache derrière les buissons. Ils ne pourront pas se baigner
dans le bassin.

15. Tu réponds aux questions.

As-tu déjà pris l'avion ?
As-tu déjà mangé au restaurant ?
As-tu déjà bu du champagne ?
Es-tu déjà allé au cinéma ?

**16. Quelle question a-t-on posée pour obtenir cette
réponse ?**

...? — Non, je ne vais jamais à la piscine.
...? — Oui, j'en ai déjà mangé.
...? — Pas souvent, mais j'adore ça !

**17. Voici deux enfants qui ne se ressemblent pas !
Tu complètes le tableau.**

Natacha	Pédro
Natacha aime l'eau !	Pédro n'aime pas l'eau !
Elle va souvent à la piscine.	...
...	Il ne sait pas encore nager.
Elle sait plonger.	...
...	Il ne fait pas de compétition.

Tu relis les deux colonnes.
Auquel de ces deux enfants ressembles-tu le plus ?

> ### On peut passer d'une phrase à une autre
> ### en faisant fonctionner les machines
> ### [.]→ [?]→ [!]→ [ne]→ [a]→

---

18. Tu fais fonctionner les machines.

Cette voiture roule très vite. [ne]→
Cette voiture roule très vite. [?]→
Cette voiture ne roule pas très vite. [?]→
Est-ce que cette voiture a roulé trop vite ? [.]→
Cette voiture roule vite. [!]→
Sa voiture est-elle partie comme une fusée ? [ne]→

Sa voiture est-elle partie comme une fusée ?

19. Tu fais fonctionner les machines.

Est-ce que la voiture gagnera la course ? [.]→
Elle roule pourtant très vite. [ne]→
Comme elle est puissante ! [.]→
Ne tombera-t-elle pas en panne ? [.]→
Arrivera-t-elle avant les autres ? [.]→

20. Tu fais fonctionner les machines l'une après l'autre.

Ex. : Le coureur est sûr de lui. [ne]→ Le coureur n'est pas
sûr de lui. [?]→ Le coureur n'est-il pas sûr de lui ?
Il est parti le premier. [ne]→
                              [?]→
Il est le plus rapide. [ne]→
                            [?]→
Il a gagné beaucoup de courses. [ne]→
                                      [?]→

21. Tu cherches les machines qui ont fonctionné.

Le coureur était trop sûr de lui.
[ ]→ Le coureur était trop sûr de lui !

Pensait-il qu'il pouvait perdre ?
[ ]→ Ne pensait-il pas qu'il pouvait perdre ?

Est-elle arrivée la dernière ?
[ ]→ N'est-elle pas arrivée la dernière ?

Camille avait réussi à lire le mot « fusée » sur une phrase. Il avait espéré que la machine
lui donnerait quelques adresses. Mais...

Sa voiture n'est pas partie comme une fusée.

7. La phrase dans des textes

Partie orale et exercices collectifs : voir **Grammaire pour enseigner le français** p. 68.

Texte 1 *Clair de lune, le lapin*

Clair de lune fait halte dans un sillon,
le cœur battant d'émotion. Il n'est qu'à demi rassuré,
mais au moins, on ne le verra plus.
« Allons, » se dit Clair de lune, « la vie est belle !
Mettons-nous à table un instant ! »
Belles pages de français, CE1, Larousse.

Texte 2 *La machine*

Il y a une machine derrière l'école.
Elle fait un bruit ! Elle nous casse les oreilles.
Elle énerve nos petits serins dans leur cage.
d'après un journal de CE1

Texte 3 *Comment construire une poupée de tissu.*

Ne découpe pas le patron sur le journal. Décalque le corps
et l'oreille et reporte les dessins obtenus
sur du papier ordinaire...

Texte 4 *Une journée de Maurice*

C'était un jour merveilleux
où tout le monde s'amusait,
sauf Maurice, la tortue.
Elle n'avait personne
pour jouer avec elle.
« Hep ! », dit Maurice, « tu veux
bien t'amuser avec moi ? »
« Pas avec toi, lambin »,
dit le lapin, « j'aime courir,
sauter et me remuer. »
« Et toi, tu veux jouer ? »
demanda Maurice.
« D'accord », dit l'écureuil,
« je t'attends en haut
de l'érable. »
« Je ne grimpe pas aux arbres »,
dit Maurice.
« Si on jouait par terre ? »
« On verra plus tard »,
dit l'écureuil.

d'après J. STEVENSON
Des amis terribles,
L'École des loisirs, 1980.

Texte 5

Le rêve de la jarre

J'en ai marre
d'être jarre
dit la jarre
sur le tard

Sous un col blond
rien qu'un bedon
tout en mamelon
et l'air hilare

Je me rêve
nénuphar
dit la jarre
un beau soir

Tout dans le col
rien dans le bol
Flottant sur les rebords
d'une mare

d'après Andrée CHEDID
Le Cœur et le Temps,
éd. de l'École, 1977.

1. **Tu recopies le texte 1 en marquant en rouge les signes de ponctuation.**

2. **Tu recopies le texte 2 en marquant en rouge les majuscules et les points.**

3. **Les virgules ont été oubliées ! Retrouve leur place.**

   Près du sol au creux d'un buisson nous avons découvert le nid d'un roitelet.
   Dans le froid chaque matin leur sac sur l'épaule les petits campagnards trottaient vers l'école.

4. **Voilà un texte sans ponctuation ; tu en cherches une.**

   Corinne va peindre Elle choisit le plus large pinceau la plus belle palette Elle plonge le pinceau dans le rouge carmin Hum quelle belle couleur On dirait de la confiture dit-elle Elle étale la peinture sans trembler

5. **Exerce-toi à bien dire le texte 5.**
   Avec le maître, tu cherches une ponctuation.

6. **Tu recherches dans un livre de lecture un petit texte où tu reconnais les signes de ponctuation, et tu t'entraînes pour pouvoir le lire à haute voix.**

7. **Tu regardes attentivement les dessins et tu inventes des phrases pour mettre dans les bulles. A ton avis, que peuvent bien se dire Bob et Camille ?**

**8. La ponctuation de ce texte se trouve p. 29.
Avec le maître, tu essaies de raccorder les deux...**

ce jour-là la chouette décida de passer la nuit
dehors pourquoi ne ferais-je pas un jour blanc
se disait-elle les autres pour les grandes fêtes
font bien des nuits blanches elle dormit donc
tant qu'elle put le jour précédent elle chassa
comme d'habitude pendant toute la nuit mais
sans trop se charger l'estomac et l'aube venue
au lieu de regagner le haut du grand pin elle
prit son envol au-dessus de la plaine quelle
merveille se dit la chouette

9. Et si tu inventais avec ta classe la suite de ce conte ?

**10. Tu peux aussi, avec un autre texte, faire comme p. 29 :
les Ixtras aiment beaucoup jouer avec la ponctuation.**

Les Ixtras commençaient à bien se débrouiller en lecture.
Au début, ils butaient sur chaque mot mais ils avaient bien vite trouvé l'usage des
dictionnaires.

8. Des textes dans une page

*Partie orale et exercices collectifs : voir **Grammaire pour enseigner le français** p. 71.*

Texte 1

Le Lapin Blanc

Il y avait une fois une petite fille appelée Alice, et elle fit un rêve très curieux.

Aimeriez-vous savoir ce dont elle rêva ?

Eh bien, voici la chose qui, en premier, arriva. Un Lapin Blanc passa par là d'un pas pressé, mais juste au moment de croiser Alice, il s'arrêta et tira sa montre de son gousset.

N'était-ce pas là une drôle de chose ? Avez-vous déjà vu un Lapin possédant une montre, et un gousset où la mettre ? Naturellement, quand un lapin possède une montre, il faut bien qu'il ait aussi un gousset pour l'y mettre : il ne saurait la transporter dans sa bouche, et il a parfois besoin de ses mains pour courir.

Lewis CARROLL : *Alice racontée aux petits.*
Lutin poche de l'École des loisirs.

Textes 3

CET
ARBRISSEAU
QUI SE PRÉPARE
A FRUCTIFIER
TE
RES
SEM
BLE

Terrible
Boxeur
Boxant avec
ses souvenirs
et ses mille désirs

Guillaume APOLLINAIRE
Calligrammes (Gallimard)

Texte 2

palme (nom fém. : *une palme*).
1. C'est une sorte de chaussure en caoutchouc, au bout long et plat, pour nager vite sous l'eau.
2. C'est aussi la grande feuille du palmier.

palmier (nom masc. : *un palmier*). C'est un arbre des pays chauds, à très grandes et très larges feuilles qu'on appelle des palmes.

Mini-débutants

1. **Regarde attentivement les textes.**
   Quels sont ceux qui viennent :
   - d'un livre de contes ?
   - d'un recueil de poèmes ?
   - d'un dictionnaire ?
   - d'un journal de télévision ?

2. **Lis la petite annonce.**
   Quels sont les renseignements qu'elle te donne ?
   Peux-tu écrire une petite annonce
   pour vendre un de tes jouets ?

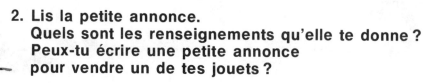

Texte 6

14.25 **C+** **FAT ALBERT** → 14.50
Dessin animé américain de Hal Sutherland.

14.40 **TF1** **CROQUE-VACANCES** → 16.30

14.40 **La5** **MIKE HAMMER** → 15.35

14.50 **C+** **LA PRINCESSE GRENOUILLE** → 15.30
Dessin animé soviétique. Scénario : M. Volpine. Montage : L. Kiakcht. Animation : L. Miltchine et A. Beliakov. Réalisation : M. Tsekhanovski.
Pour avoir refusé d'épouser le mauvais génie qui l'a enlevée, une douce princesse est par celui-ci transformée en grenouille pour tois ans et trois jours.

15.00

15.25 **A2** **RECRE A2 (suite)** → 17.40

15.30 **C+** **LA BELLE AU BOIS DORMANT** → 16.20
Téléfilm américain (1985). Scénario : Jeffrey Fiskin. Musique : Tchaïkovsky. Réalisation : Jeremy Kagan.
Le prince charmant : **Christopher Reeves.** La belle au bois dormant : **Bernadette Peters.** La sorcière : **Bervely d'Angelo.**

Télérama

Texte 4

J'aime les gaufrettes
Juliette
Savez-vous comment
Armand ?
Quand elles sont bien faites
Juliette
Avec du beurre dedans
Armand.

Extrait de *Trésor des comptines*
André Bay (Éd. Balland)

Texte 5

Vends Renault 4 TL,
57 000 Km petits frais, 19 000 F.
Tél. 42.16.16.61. heures repas.

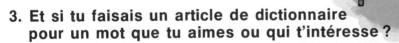

3. **Et si tu faisais un article de dictionnaire pour un mot que tu aimes ou qui t'intéresse ?**

4. **Recherche et recopie (ou découpe et colle si tu peux) un des textes suivants :**
   - un texte de problème
   - une recette
   - une devinette
   - un petit poème qui te plaît.

5. **Dans une belle page blanche, dispose comme il te plaît l'un des poèmes (textes 3).**

Texte 7 *Berceuse bête.*

Dododeline petit garçon de farine Dododelo petit garçon de sureau Dododelait petite fille de lait Dododelin petite fille de lin Dododelan petits enfants de maman Dododelaire petits enfants de la terre.

d'après Georges JEAN, *Les Mots d'Apijo,* éd. Saint-Germain des Prés.

▶ **6. Tu cherches avec le maître une mise en page pour le texte 7.**

▶ **7. Tu lis attentivement le texte 8 et tu recherches avec le maître les endroits où tu aimerais t'arrêter pour la lire à haute voix.**
En même temps, tu lui trouves une ponctuation.
Et une jolie mise en page.

8 Avec tes camarades, tu inventes une chanson Ixtra !

Tout le monde est habitué aux découvertes extravagantes de Gaston.
D'ailleurs on se déplace de moins en moins souvent pour regarder.

Texte 8 *Chanson*

Il a volé le goéland dans les nuages et dans le vent
il est parti le goéland vers les rivages du Groenland il était fier
le goéland d'ouvrir son beau plumage blanc comme un
voilier le goéland dans le tangage se cabrant toujours plus loin
le goéland dans les nuages et dans le vent où est-il donc
le goéland sur les rivages du Groenland avez-vous vu
dans le grand vent passer son beau plumage blanc
entendez-vous dans le grand vent ce que nous dit le goéland.

E. G.

...a a pourtant l'air sérieux cette fois-ci...

9. *Dans une phrase il y a des groupes* (1)

*Partie orale et exercices collectifs : voir **Grammaire pour enseigner le français** p. 78.*

1. Tu écris cinq phrases en choisissant un groupe dans chaque colonne. Attention à la ponctuation !

Un pont de bois	réclament	des œufs
Les canards	a construit	sur la mare
Les oisillons	pond	la rivière
La fauvette	franchit	leur nourriture
La femelle	nagent	un abri douillet

2. Tu remets les groupes dans l'ordre pour faire des phrases. N'oublie pas la ponctuation.

fabrique	le boulanger	du pain
des corbeaux	dans cet arbre	nichent
reviennent	les hirondelles	au printemps
une hutte	ont construit	les enfants

3. Tu copies les phrases sur des bandes de papier, et tu les découpes en groupes.
Quels sont ceux qui sont mobiles ?

Chaque matin, papa passe devant le jardin.
À la sortie de l'école, Malika rejoint ses frères.
Nous ouvrons les volets tous les matins.

**4. Avec les groupes que tu as découpés au 3,
tu essaies d'écrire d'autres phrases.**

5. Tu inventes les groupes qui manquent.

| Dans la classe | , | les enfants | ..... | leur cartable | . |

| Le dimanche | , | ..... | prépare | un bon repas | . |

| Jean | réchauffe | ..... | près du feu | . |

| ..... | klaxonnent | dans la rue | . |

**6. Tu te sers des groupes qui sont donnés
pour écrire une légende sous chaque dessin.
Attention à la ponctuation !**

| des remorques | les voitures | tirent | en équipe | ils |

| pour le transport | de groupes | travaillent | la |

| mine | découvre | Gaston |

La découverte est appréciable : c'est une mine de groupes de mots.
Un grand chantier s'ouvre immédiatement.

10. *Dans une phrase il y a des groupes* (2

Partie orale et exercices collectifs : voir **Grammaire pour enseigner le français** *p. 81.*

1. Dans chaque phrase, tu encadres les groupes.

Le marinier entre dans le port avec sa péniche. Les dockers déchargent la cargaison. Des couleurs vives décorent la coque du bateau. Un drapeau français flotte à l'avant.

2. Tu retrouves dans la colonne de droite les groupes qui manquent.

.....	souffle sur la voile.	dans le ciel
Un pâle soleil brille	.....	un vent frais
.....	craque sous nos pieds.	dans l'eau
Jean-Michel patauge	.....	la glace

3. Tu remplaces les groupes encadrés par : Il, Ils, Elle, Elles.

Jean regarde le bateau.

Les mariniers ont une vie difficile.

Catherine et Marie n'aiment pas l'eau.

La sœur de Marie court dans le pré.

La voiture a démarré à toute vitesse.

Mon meilleur copain s'appelle Basile.

4. Tu trouves d'autres groupes que tu pourrais écrire à la place du groupe encadré.

Dans la vitrine, Catherine a choisi │ un livre │

...

...

...

5. Tu écris des phrases en te servant des groupes qui sont donnés. Attention à la ponctuation !

les arbres	recherche	dans les branches
le rouge-gorge	perdent	dans une flaque
le vent	souffle	leurs feuilles
Eric	patauge	sa nourriture

6. Voilà des groupes qui ont été découpés et mélangés ; essaie de t'en servir pour écrire une histoire.

│ Sur le bord de la route, │   │ des noisettes et des mûres. │

│ Tout au long du chemin, │   │ Nous │   │ cueillerons │   │ des colliers. │

│ tresserons │   │ mille fleurs. │   │ ont poussé │   │ nous │

Le chantier de groupes de mots fonctionne à merveille .
Les Ixtras combinent les groupes de mots entre eux et obtiennent des phrases.

11. Des groupes qui changent de taille...

*Partie orale et exercices collectifs : voir **Grammaire pour enseigner le français** p. 85.*

1. Tu entoures les groupes.

Les poules affamées picorent les graines. Trois petits canards barbotent dans la mare. Un caneton secoue ses plumes. Le coq à la crête rouge lance son cocorico matinal.

2. Tu réduis le plus possible le groupe encadré, et tu réécris la phrase.

Ex. : La poule noire de grand-mère *promène ses petits poussins. → La poule promène ses petits poussins.*

Un gros chien gris se promène avec le chaton noir.

Un joli petit lapin avec une tache sur la queue me regarde.

Le fermier ramène un petit oiseau à la patte cassée

3. Voici des groupes. Tu les allonges, en regardant bien les dessins.

Ex. : Le berger → Le berger des Landes aux longues jambes.

Le zabicodonosaure →
La danseuse →
Les hommes des cavernes →

4. Tu te sers des groupes du 3 pour écrire des phrases.

5. Tu complètes les phrases en te servant des groupes qui te sont donnés.

| Le gros chien jaune | | Le petit agneau de lait |

..... suit la brebis sa mère.

..... grogne au fond de sa niche.

6. Tu réduis le plus possible les groupes du 5 et tu réécris les phrases.

7. Tu regardes attentivement le dessin et tu continues le portrait de Boulimène, la machine à traduire des Ixtras.

Voici Boulimène.
Elle a de grands yeux bleus qui brillent,
une bouche...,
des antennes...,
des roulettes....
Boulimène est bien jolie !

8. Tu viens d'obtenir une très longue phrase ! Exerce-toi à bien la lire à haute voix.

Pour fêter l'ouverture du chantier, une grande fête est organisée. Des Ixtras se sont costumés. D'autres ont inventé le jeu du « groupe le plus long », qui remporte un triomphe !

**Les signes de ponctuation
m'aident à lire.**

---

1. Tu t'exerces à bien lire le texte 4 p. 26.

▶ **2. Voici un texte sans virgules. Retrouve-les.**

Pendant l'été aux heures les plus chaudes les sangliers ont l'habitude de faire la sieste. Au même moment les biches se cachent dans la forêt pour se protéger du soleil.

3. Tu t'entraînes à lire à haute voix le texte précédent.

**Quand j'écris,
il faut que je surveille ma ponctuation :
sinon, on ne comprend pas mon texte.**

---

4. Tu recopies ce texte, en dessinant en rouge tous les signes de ponctuation.

Compère, qu'as-tu vu ? — Commère, j'ai bien vu ! J'ai vu un cochon, qui jouait du violon, au milieu des prés ! — Compère, vous mentez !

5. Tu trouves les phrases qui manquent à ce petit dialogue.

— ...?, dit la boulangère.
— Mettez-moi une baguette... ?

6. Tu trouves une ponctuation pour cette histoire.

J'ai une vache qui n'a pas de pattes qui n'a pas de queue
Tant pis   Tant mieux   C'est malheureux

7. Tu trouves une histoire pour cette ponctuation.

.... , ...

— .... ?

— .... , ... !

Dans une phrase, il y a des groupes.

---

8. Tu écris cinq phrases, en te servant des groupes.

Les passants	L'autobus	un piéton
La voiture	Un agent	
circulent	accélère	siffle
traverse	freine	
sur le trottoir	au feu vert	devant l'arrêt
dans le passage protégé		brusquement

9. Tu encadres les groupes.

Chaque matin, le voisin sort sa poubelle.
Les chevreaux broutent les herbes sauvages.
Dans les flaques, les moineaux se baignent en piaillant.

> **Dans un texte, il y a des phrases.**
> **Je les repère avec les majuscules**
> **et les signes** (.) (?) (!)
> **Ce sont des signes de ponctuation.**

Voici un texte :

Il fait un froid de loup. Le soleil a perdu ses rayons. Il flotte, rouge comme une cerise, dans le brouillard.
« Tu t'enrhumeras, Patachou !... »
Il est au fond du jardin. Il chasse. Je lui ai fait don d'un petit pistolet qui lance une flèche de bois. Cette flèche n'est pas pointue. Patachou, pendant une heure, a tiré sur la tapisserie de mon bureau. Tout à coup, il m'a dit :
« Tu ne trouves pas que cela sent la poudre... ? »

1. Dans ce texte, combien y a-t-il :
- de phrases ?
- de majuscules ?
- de virgules ?
- de points d'exclamation ?
- de points d'interrogation ?

2. Dans ce texte, tu cherches et tu recopies :
- une phrase affirmative : ...
- une phrase négative : ...
- une phrase interrogative : ...

**Dans un texte, il y a aussi
d'autres signes de ponctuation :**

, … «»

**3. Dans le texte suivant, on a oublié la ponctuation.
Tu le recopies en n'oubliant pas les signes . ! ? « » ,**

Je regarde Patachou par la porte vitrée Patachou est-ce que
tu songes à tuer les moineaux Il se retourne Oh non mais s'il
passe un lièvre

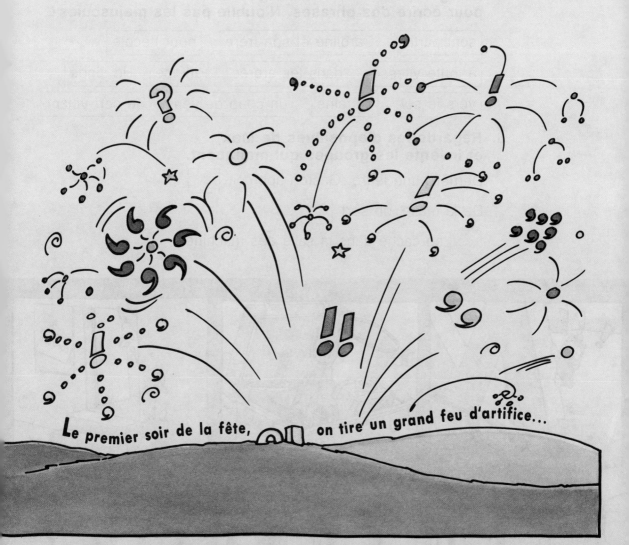

Le premier soir de la fête, on tire un grand feu d'artifice...

Dans une phrase, il y a des groupes.

4. Tu complètes les phrases avec les groupes qui sont donnés. N'oublie pas les majuscules.

| le jeune rouge-gorge | dans son bec | le cheval |

| à tire-d'aile. | dans la prairie |

Le martin-pêcheur emporte un poisson ..... .

..... s'élance au galop ..... .

Le merle s'envole ..... vers le ciel.

..... replie ses ailes.

5. Les groupes ont été mélangés. Tu les remets en ordre pour écrire des phrases. N'oublie pas les majuscules !

| sont partis | Caroline et son frère | pour l'école |

| à toute vitesse | dans les arbres | grimpe | le singe |

| vers le sol | entraîne | un coup de vent | le cerf-volant |

6. Regarde les diapositives de Max et invente les groupes qui manquent.

Derrière une lettre, Gaston aperçoit ..... .

De la malle, on sort ..... .

..... se cache dans la salle des machines.

Certains groupes sont mobiles.

7. Tu découpes les phrases en groupes.

En chemin, les enfants ont rencontré des camarades.
Dominique retrouve son ami à la récréation.
D'un coup d'aile, le merle descend de l'arbre.
Cet après-midi, les garçons joueront aux quilles.

8. En déplaçant un groupe, tu essaies d'écrire les phrases du 7 autrement.

Ex. : Les enfants, en chemin, ont rencontré des camarades.

9. Tu te sers du groupe qui est donné pour réécrire la phrase de deux façons différentes.

Ex. : | *dans le verger* | *de beaux arbres fruitiers fleurissent.*

→ *1. De beaux arbres fruitiers fleurissent dans le verger.*
→ *2. Dans le verger, fleurissent de beaux arbres fruitiers.*

| après la course | les garçons ramènent les chevaux.

| ce soir | Jean est parti à bicyclette.

| pour coudre | Caroline enfile une aiguille.

10. Lis à haute voix les phrases du 7, puis celles que tu as trouvées au 8. Attention à ta respiration !

Une projection est organisée. Les plus belles diapositives de Max, un petit film d'Émile sur la circulation des groupes mobiles : quel spectacle !

46

> *On peut allonger ou réduire certains groupes.*

11. Tu réduis les groupes encadrés.

Le renard à la longue queue court vite.

Maman a rapporté un panier en osier jaune .

Deux vieux chevaux gris tirent une charrette.

La route est bordée de grands peupliers aux feuilles vertes .

**12. En bas de la page, il y a d'autres diapositives de Max.
Tu les regardes et tu allonges les groupes encadrés.**

Les antennes de Camille ressemblent à des ampoules .

Le ventre de Roger a l'air d'un ballon .

Cette tache, on dirait une fusée .

13. Tu cherches pour chaque phrase un grand groupe.

Ex. : | Ils | attendent Noël → | Les enfants impatients |
attendent Noël.

| Elle | prépare un bon repas.

| Ils | encombrent le trottoir.

| Il | pose de nouvelles tuiles sur le toit.

**14. Tu trouves d'autres groupes
et tu les écris à la place du groupe encadré.**

Sur la lettre, Pierre a dessiné | un grand arbre bleu |

**15. Voici des groupes tout faits, on peut les lire,
s'en servir dans des phrases !
... Mais on peut aussi s'amuser.
Amuse-toi à les transformer.**

Ex. : *un pêcheur à la ligne*⎱ → ⎰*un pêcheur à pédales*
une voiture à pédales⎰   ⎱*une voiture à la ligne !*

un moulin à café   une boule de neige
une pelle à tarte   un marchand de tapis
une course à pied   une tortue de mer
une boîte à lettres   un cheval de bois
un stylo à encre   une carte de visite
une carabine à plombs   une table de ping-pong

C'est Camille et ses frères qui ont gagné le concours ! Ils ont inventé la phrase avec le groupe le plus long : « **NOUS CHERCHONS UN GARAGE AVEC TOUT CE QU'IL FAUT POUR RÉPARER NOTRE BELLE FUSÉE ROUGE** ». Ce qu'ils ne disent pas, c'est que Boulimène les a aidés.

Ils s'apprêtent à porter leur phrase à la salle des machines lorsque... suite p. 92

LE DOMAINE DU VERBE

L'autre groupe se précipite à la découverte du domaine du verbe...

1. J'apprends à conjuguer (1)

*La partie orale et les exercices collectifs correspondant à cette leçon se trouvent dans le guide pédagogique : **Grammaire pour enseigner le français à l'école élémentaire** page : 152.*

1. Tu complètes par `ai` **,** `as` **, ou** `a` **.**

Toi, tu `...` un lapin. Moi, j' `...` un chat blanc.

Lui, il `...` un petit chien. Catherine n' `...` pas d'animaux

chez elle. Pédro `...` un grand jardin.

Et toi, est-ce que tu `...` aussi un jardin ?

2. Tu complètes par `J'` **,** `Tu` **,** `Il` **ou** `Elle` **.**

`...` ai envie de me promener.

`...` a une bicyclette neuve.

`...` as une jolie petite sœur !

`...` a du pain pour donner aux oiseaux.

`...` as peur quand le chien aboie.

A-t- `...` mal aux dents ?

3. Tu relies les éléments et tu réécris les phrases.

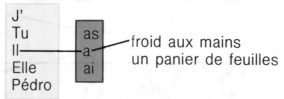

Ex. : Il a froid aux mains.

4. Tu complètes par `ai` **,** `as` **,** `a` **.**

Tu n' `...` pas de jardin.

Est-ce que Dalila `...` des sœurs ?

Je n' `...` pas de goûter.

Ce vélo n' `...` pas de bons freins.

5. Tu complètes.

Moi, `...` `...` des champignons dans mon jardin.

Lui, `...` n' `...` pas de frères.

Éric `...` envie de jouer.

Toi, `...` `...` peur d'avoir froid !

Émilie `...` envie de dormir.

6. Tu complètes par `Je` **ou** `J'`

`...` ai beaucoup d'amis dans le quartier.

`...` n'ai pas encore toutes mes dents.

Avec Maman, `...` ai visité la nouvelle gare.

Dans un premier temps, ils se repèrent grâce à la peinture à marquer.

2. J'apprends à conjuguer (2)

*Partie orale et exercices collectifs : voir **Grammaire pour enseigner le français** p. 154.*

1. Tu relies un élément de l'ensemble jaune à un élément de l'ensemble rouge et tu réécris les phrases.

Tu
Je
Elle
Cathy
On

regarde — un livre d'images
dessines — un arbre
cherche — des crayons

Ex. : Cathy cherche des crayons.

2. Tu complètes les groupes rouges.

Papa ..... le feu. (allumer)

Lucie ..... un beau livre ! (avoir)

Tu ..... le repas. (préparer)

Elle ..... mal aux dents ? (avoir)

3. Tu complètes.

... dessines bien.

... as un joli petit chien !

... regarde la télévision.

... aimes bien la publicité ?

Un peu plus loin sur la planète, Galbinus et Rubéus font leur promenade du dimanche. Ce sont les baliseurs officiels du Domaine du Verbe. Soudain...

Qui est-ce qui piétine ainsi mon marquage ?

Ce n'est pas un marquage, mon cher, c'est un BALISAGE !

4. Tu relies un élément de l'ensemble jaune à un élément de l'ensemble rouge...

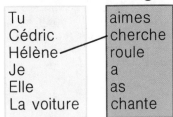

Tu	aimes
Cédric	cherche
Hélène	roule
Je	a
Elle	as
La voiture	chante

5. ...et tu inventes des phrases avec ce que tu as trouvé dans l'exercice 4. (Attention à la ponctuation !)

Ex. : Hélène cherche sa poupée.

En tout cas, ces pas ne sont pas d'ici !

Tu penses sans doute aux EXTRA-TERRESTRES ?

On parle d'eux depuis si longtemps !

3. J'apprends à conjuguer (3)

*Partie orale et exercices collectifs : voir **Grammaire pour enseigner le français** p. 156.*

1. Tu complètes le groupe jaune par Il ou Ils .

... a un bon copain.

... ont une balle rouge.

... cherchent leur ballon.

... ferme la porte doucement.

2. Tu remplaces le groupe jaune par Ils ou Elles .

Pédro et Pascal jouent au ballon.

Hélène et Sophie traversent la rue.

Les voitures roulent rapidement.

Les piétons ont peur de traverser.

3. Tu relies.

Elle et lui,
Virginie et Cindy,
Pédro et Guillaume,
Mes voisines,

ils
elles ont de la chance !

4. Tu cherches un groupe jaune.

..... regardes les affiches.

..... ont un train à prendre ?

..... cherchent leur chemin.

..... accompagnent leurs parents.

5. Tu complètes avec le verbe qui est proposé. ◀

Les enfants ..... très froid ! (avoir)

Les manèges ..... les passants. (attirer)

Étienne et Philippe ..... aux cartes. (jouer)

Elles ..... les grands magasins ? (adorer)

6. Tu cherches les groupes jaunes. ◀

..... n'ont pas de gants.

..... ne pense pas aux vacances ?

..... préfèrent regarder la télévision.

Est-ce que ..... as envie de partir ?

Ce masque ridicule l'a effrayé !

4. J'apprends à conjuguer (4)

*Partie orale et exercices collectifs : voir **Grammaire pour enseigner le français** p. 158.*

1. Tu relies.

Toi et moi, Julien et toi, Lui et moi,	nous vous	chantons. marchez. riez. sautons.

2. Tu relies, puis tu réécris les phrases.

Elle et moi, Toi et moi, Julie et moi, Julien et toi,	nous vous	installons cherchez disposons décorez	la table. les couteaux. les assiettes. la salle.

Ex. : Julie et moi, nous installons la table.

3. Tu complètes avec le verbe qui est proposé.

Vous ..... les bougies. (**allumer**)

Ma sœur et moi, nous ..... des amies. (**inviter**)

Damien et toi, vous ..... beaucoup de copains ! (**avoir**)

Nous ..... des bonbons. (**distribuer**)

4. Tu écris les groupes jaunes.

..... sautons de joie.   ..... avons soif !

..... jouez au loto ?   ..... écoutez les informations.

..... préparons un gâteau.   ..... avez raison !

5. Tu conjugues.

a) avoir beaucoup de livres.   *b)* chercher des crayons.

Tu	...
Nous	...
Vous	...
Elles	...
J'	...
On	...

Ils	...
Vous	...
Nous	...
Il	...
Je	...
On	...

6. Tu inventes le reste de la phrase.
(Fais attention aux points, aux points d'interrogation,
aux points d'exclamation.)

Le mercredi, mes frères et moi, nous... .

..... vous...   **?**

Avec nous, vous...   **.**

Ah non, nous...   **!**

Madame, Madame, vous...   **!**

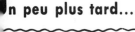

Un peu plus tard...

5. L'infinitif. Le présent

*Partie orale et exercices collectifs : voir **Grammaire pour enseigner le français** p. 160.*

1. Tu donnes l'infinitif des verbes.

Ex. : Nous mangeons → manger.
Il a froid.
Les enfants chantent.
Avez-vous du feu ?
Vous criez trop fort.
Ne fermez pas la porte !

2. Tu repères les verbes et tu donnes leur infinitif. (Attention ! ils ne sont pas au présent.)

Dans un riche palais habitait une princesse. Au-delà des grands murs s'étalait une vaste campagne. A mi-chemin entre le palais et le village, il y avait une petite maison. Dans le jardin, deux paysans piochaient, fauchaient, liaient des gerbes de blé. Pendant ce temps, la petite princesse s'ennuyait...

3. Tu conjugues au présent.

Guillemette ... une histoire à ses amis. **(raconter)**

Comme elle ... l'air sérieux ! **(avoir)**

Elle ... les sourcils. **(froncer)**

Ses amis ... de toutes leurs oreilles ! **(écouter)**

Tu nous ... une chanson ? **(chanter)**

**4. Tu trouves le groupe jaune,
et tu donnes l'infinitif du verbe.**

..... portes un panier rempli de fruits. (   )

..... ouvrons la porte avec précaution ! (   )

..... chante à tue-tête. (   )

..... ont peur de se promener dans les bois ? (   )

5. Tu trouves un verbe et tu donnes son infinitif.

Ex. : *Le papa de Catherine* a *de la barbe.* (avoir)

J' ... les glaces au chocolat. (...)

Frédéric, tu ... une très belle écharpe ! (...)

Christine et moi, nous ... la musique pop. (...)

**6. Prends un livre.
Tu y cherches 10 verbes conjugués et tu les recopies.
Ensuite, fais l'ensemble de ceux qui ont un infinitif
en -er.**

es Ixtras ont sorti Boulimène, leur machine à traduire. Elle est très efficace
ais elle a un caractère de chien... et elle ne traduit que ce qui lui plaît !

Le verbe se conjugue :
sa terminaison change avec le groupe jaune.

---

1. Dans le tableau de la page 94,
tu cherches et tu recopies :
- le présent du verbe *avoir*.
- le présent du verbe *chanter*.

2. Sur le modèle du tableau, tu conjugues au présent :
- le verbe *regarder*.
- le verbe *parler*.

3. Tu complètes le groupe jaune.

... as de beaux yeux.   ... ont de la chance.

... avez de grandes dents !   ... ai souvent envie de boire.

... n'a pas peur du loup !

4. Tu termines la conjugaison de Boulimène.

5. Tu complètes les groupes jaunes et rouges.

Mme Gros et sa fille ..... chez le boulanger. **(entrer)**

... achètent deux baguettes.

Une autre cliente ..... de la farine. **(demander)**

... . faire un gâteau. **(désirer)** Mais elle n' ..... pas de

monnaie pour payer ! **(avoir)**

Des garçons ..... les gâteaux. **(regarder)** Ils ..... envie

d'en manger ! **(avoir)**

6. Tu cherches des groupes jaunes.

..... cherchons un garage. ..... regardent les diapositives

de Max. ..... inventent le jeu du groupe le plus

long. ..... découvre la salle des machines. ..... cherchez

les couleurs des groupes.

> *chanter, balayer, sonner, brosser, couler, téléphoner...*
> *se terminent tous de la même façon :*
> *on les appelle les verbes en* er .

7. Voici des verbes en -er . Tu cherches leur sens dans le dictionnaire.

astiquer   graver   joncher
engager   tracer   gaver

8. Tu cherches dans le dictionnaire cinq verbes en -er .

9. Tu complètes le goupe rouge.

Mon père ..... le feu. allumer .

Boulimène ..... des histoires. raconter .

Des Ixtras ..... un nouveau jeu. inventer .

Vous ..... déçus, dit Rubéus à Camille et Bob. sembler .

> *Pour nommer les verbes, on se sert de l'infinitif :*
> *le verbe « avoir », le verbe « être », le verbe « porter »,*
> *le verbe « donner » ...*

10. Tu encadres le verbe conjugué et tu trouves son infinitif.

Ex. : Les enfants aiment *les marionnettes.* (aimer)

Ils admirent les costumes. (...)
Préfères-tu le cinéma ou la télévision ? (...)
Allez-vous à la foire demain ? (...)
Vous aimez mieux jouer au ballon. (...)
Tu as de nouveaux jouets ? (...)

11. Tu trouves l'infinitif des verbes.

Frédéric et Patrick rentrent chez eux.

Des poubelles encombrent le trottoir.

Beaucoup de gens piétinent devant l'arrêt du car.

Ils ont froid.

12. Tu trouves un verbe et tu donnes son infinitif.

Ex. : Le père Noël a *une barbe blanche.* (avoir)

Papa ..... des outils pour le jardin. (...)

Christine et moi, nous ..... un magasin ouvert. (...)

Alain et Pierre ..... dans la cour. (...)

Ils ..... un magnifique ballon ! (...)

Je n' ..... pas de machine à calculer. (...)

13. Tu conjugues.
Avoir la priorité → Les piétons...
Aimer les bandes dessinées → Mes frères et moi, nous...
Manger à la cantine → Tu...
Porter un sac trop lourd → Cathy et toi...

> **À l'infinitif, les verbes n'ont pas de groupe jaune :**
> **ils ne sont pas conjugués.**
> **C'est ainsi qu'on les trouve dans le dictionnaire.**

14. Tu cherches l'infinitif des verbes. Tu vérifies leur sens dans le dictionnaire.

Nous discutons.   Les lumières scintillent.
Vous payez ?   Il traîne !

15. Tu écris une phrase avec chacun des verbes de l'exercice précédent.

16. Tu cherches trois autres groupes jaunes pour la phrase. Attention, il ne faut rien changer d'autre !

Alors, | il | chante maintenant ?
      .....
      .....

Mais non, | ils | ne s'intéressent pas à la grammaire !
      .....
      .....

17. Tu fais passer la phrase dans la machine.

Je n'ai pas la priorité, je ne passe pas. [a]→
Aimez-vous vous promener ? [.]→
Les garçons n'ont pas de piscine aujourd'hui. [a]→
Je ne mange plus de bonbons ! [a]→

Tu entoures le groupe jaune et le groupe rouge et tu fais passer la phrase dans la machine [ne]→.

Je discute avec mes voisins.
Vous écoutez en classe.
Ils ont peur d'être en retard.
Nous allons être en retard.
Papa travaille tous les jours.

Est-ce que j'ai l'air d'une fusée ?

7. Le verbe aller *au présent* (1)

*Partie orale et exercices collectifs : voir **Grammaire pour enseigner le français** p. 165.*

1. Tu conjugues le verbe *aller* au présent.

Moi, je [...] à la piscine. Toi, tu [...] au stade. Mes petites sœurs [...] faire des courses avec maman. On [...] passer une bonne après-midi.

2. Tu trouves le groupe jaune.

[...] vais chez le libraire.

[...] ai froid.

[...] vas en vacances.

[...] a encore soif ?

[...] ont de la chance !

[...] va à la bibliothèque.

3. Tu relies, et tu réécris les phrases. (Attention à la ponctuation !)

Ex. : J'ai un petit frère.

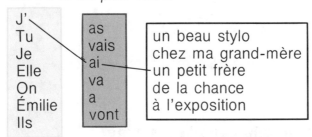

J'	as	un beau stylo
Tu	vais	chez ma grand-mère
Je	ai	un petit frère
Elle	va	de la chance
On	a	à l'exposition
Émilie	vont	
Ils		

Finalement, Rubéus les trouvait sympathiques, les Ixtras.

Personne ne peut prétendre baliser comme je le fais !

Cela nécessite tout un apprentissage !

Mais puisqu'ils s'intéressent à la grammaire, ces exercices leur prendront du temps et nous aurons la paix !

4. Tu relies, et tu réécris les phrases.
(Attention à la ponctuation !)

Le soleil	vont mûrir	en juillet
Les fruits	va briller	au soleil
On	vais brunir	dans la forêt
Je	va marcher	

5. Tu conjugues.

Maman | va coudre | à l'ombre.

Je
Tu
Charlotte

Tu | vas attraper | les papillons.

Je
Elle
On
Ils

6. Tu te sers des éléments qui sont donnés
pour écrire des phrases.

Ex. : Je vais recoudre ce bouton.

vais - vas - vont - va

chanter - ouvrir - dessiner - recoudre

Mais il n'avait qu'une idée en tête : les empêcher de baliser.

8. *Le verbe* aller *au présent* (2)

Partie orale et exercices collectifs : voir Grammaire pour enseigner le français p. 167.

1. Tu relies et tu complètes.

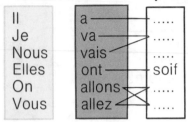

Il	a	.....
Je	va	.....
Nous	vais	.....
Elles	ont	soif
On	allons	.....
Vous	allez	.....

2. Tu conjugues au présent.

Nous [.....] en récréation maintenant. (**aller**)

Vous [.....] beaucoup de chance ! (**avoir**)

Vous [.....] la télévision chaque soir ? (**regarder**)

Vous [.....] au stade le mercredi. (**aller**)

Nous [.....] du beau temps. (**avoir**)

▶ ### 3. Tu entoures les verbes de rouge et tu écris leur infinitif.

« Avez-vous encore faim ? » demande la chevrette à ses petits chevreaux. « Nous allons dans la forêt. Là, on trouve de l'herbe fraîche. »

Galbinus avait eu si peur qu'il s'était réfugié dans la salle des machines. C'est là que Rubéus va le retrouver...

Nous allons peut-être pouvoir travailler à présent ! Je vais chercher Galbinus.

Comment vas-tu, vieux froussard ?

Allez, une partie de cartes te détendra !

4. Tu trouves le groupe jaune.

Catherine va danser. ... allons au théâtre pour la voir.

« ... vais dans les coulisses pour me préparer, ... allez à votre place ? »

... regardons le spectacle avec attention. ... danse vraiment bien !

5. Tu fais les transformations.

Nous allons à la piscine, ce soir. [?]→
Vous avez du feu. [?]→
Je vais au concert, j'ai un billet d'entrée. [ne]→
Nous allons lire, aujourd'hui. [ne]→
Vous allez encore en vacances. [?]→

6. Tu entoures les verbes et tu écris tous les infinitifs.

« Je pense que vous allez dans le pré ? » demande Maman.
« Si vous trouvez des champignons, ne les ramassez pas !
Nous en avons encore pour le repas de ce soir. »

9. *Le* présent *et le* futur

*Partie orale et exercices collectifs : voir **Grammaire pour enseigner le français** p. 171.*

1. Tu entoures le verbe, tu dis s'il est au présent ou au futur.

Ex. : Aujourd'hui, je vais *en classe.* (présent)
Demain, j'irai à la piscine.
Vous avez une belle robe !
Ce soir, nous allons sortir en retard.
Dans quelques semaines, vous aurez des vacances.

▶ **2. Tu entoures :**
- **l'ensemble des verbes au présent.**
- **l'ensemble des verbes au futur.**

vais avoir   cherchera   cherchent   collent
      tirerai   allons
vont aller   partirez   regarde   aimes

▶ **3. Tu entoures :**
- **l'ensemble des verbes au futur 1.**
- **l'ensemble des verbes au futur 2.**

vais aller   va prendre   pousserez   regarderont

allons marcher   vont chercher   seront

    allez avoir   aura   attacherai

4. Tu fais fonctionner la machine [?]→.

Ex. : Vous allez sortir [?]→ *Allez-vous sortir ?*
Nous allons chercher Catherine.
Mes frères vont prendre le train.
Ton père va apporter un magnétophone !
Tu vas chercher ce livre.

Voilà... Et je crois que nous n'entendrons plus parler d'eux...

OH!

5. Tu réécris au futur 2.

Ex. : Ta mère achètera des billets de tombola.
→ Ta mère va acheter des billets de tombola.
À ton retour, le chien sautera de joie !
Avec ce pantalon, tu ressembleras à un homme.
J'écouterai attentivement.
Mon copain et moi, nous pédalerons à toute allure !
Les diablotins ramasseront-ils la récolte du fermier ?

6. Tu complètes.

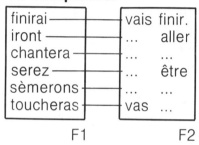

F1	F2
finirai	vais finir.
iront	... aller
chantera	... ...
serez	... être
sèmerons	... ...
toucheras	vas ...

7. Tu écris les phrases au futur 2.

Ex. : J'attache la chèvre avec une corde.
→ Je vais attacher la chèvre avec une corde.
Tu cherches du papier pour dessiner.
Elle trouve ce dessin très joli.
On va à la fête nautique.
Nous courons pour être les premiers.
Vous aurez encore de la place.

10. Le futur *des verbes en - er*

*Partie orale et exercices collectifs : voir **Grammaire pour enseigner le français** p. 174.*

1. Tu relies.

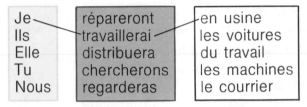

Je	répareront	en usine
Ils	travaillerai	les voitures
Elle	distribuera	du travail
Tu	chercherons	les machines
Nous	regarderas	le courrier

2. Tu complètes.

Ex. : Il pêchera en mer. (**pêcher**, futur 1)
Vous ... la musique. (**enseigner**, futur 1)
Je ... ma voiture. (**laver**, présent)
Les infirmières ... un dur métier. (**avoir**, présent)
Pierre ... la haie. (**tailler**, futur 1)

3. Tu donnes l'infinitif et le temps du verbe.

Ex. : Mon père préparera le béton. (**préparer**, futur 1)
Les jardiniers planteront-ils des arbres à l'automne ? (..., ...)
Le bûcheron coupe les arbres. (..., ...)
Toi et moi, nous ramasserons des coquillages. (..., ...)
Vous marchez sur les pelouses ! (..., ...)

4. Tu relies.

Étienne et moi	nous	cueillerons	des fleurs.
Tes frères et toi	vous	couperez	des branches mortes.
Lui et toi			
Elle et moi			

5. Tu réécris les phrases au futur 1, puis au futur 2.

Aujourd'hui, je prépare mes affaires de piscine.
Demain, ...

Aujourd'hui, mon frère plante des fleurs.
Demain, ...

Maintenant, tu cherches un livre amusant.
Tout à l'heure, ...

En ce moment, nous n'écoutons pas de musique.
Ce soir, ...

6. Tu fais marcher les machines.

Tu planteras des fleurs dans ce massif. [?]↦
Vous distribuerez ces livres. [?]↦
Nous arracherons les mauvaises herbes ce soir. [?]↦
Mes parents trouveront ce livre en librairie. [ne]↦
Je marcherai sur la pelouse. [ne]↦

7. Tu réécris la phrase avec *tu, elles, vous, il.*

Maintenant, je n'ai pas le temps,

mais demain je chercherai ce disque.

11. La loi « futur 1 »

*Partie orale et exercices collectifs : voir **Grammaire pour enseigner le français** p. 177.*

1. Tu entoures le verbe de rouge et tu donnes son infinitif.

Ex. : Je serai *sage.* (être)

Tu prendras ton parapluie ? (...)
Vous aurez du beau temps au bord de la mer. (...)
Après la classe, nous ferons du vélo. (...)
Pour la fête, Guido jouera de la guitare ! (...)
Cet été, mes amis viendront me voir. (...)

2. Tu relies, et tu te sers des formes que tu as trouvées pour écrire des phrases.

Ex. : Nous serons dans la cour à huit heures.

Tu	ser	as
Nous	aur	ons
Ils	fer	ont

3. Tu complètes.

Cet été, nous aur-... beaucoup à faire. Nos copains viendr-...
nous voir. Tu les emmèner-... visiter la ville ? Ma mère fer-...
de bons desserts. Je ne m'ennuier-... pas pendant ces
vacances !
Et toi, que feras-... après ? Est-ce que ...
t'emmèneront quelque part ? Est-ce que ... resterons ici
jusqu'à la fin des vacances ?

Il fallait se rendre à l'évidence : les Ixtras ne comprenaient rien aux balisages...

4. Tu écris pour chaque verbe le futur 1 complet, en te servant de la forme qui est donnée.

Ex. : nous ferons → je ferai, tu...

faire : nous ferons   aller : nous irons
être : nous serons   avoir : nous aurons

5. Tu classes les verbes en deux colonnes : présent, futur.

Tu chanteras - Nous avons - Nous aurons - Ils sont -
Vous serez - Je prendrai - Je viens - Vous viendrez -
Il cherche - Tu vas - Vous irez.

6. Tu complètes le tableau.

	aur-	ir-	ser-	prendr-
Vous		*irez*		
Nous				
Elle				
Je, J'				
	avoir	aller	être	prendre

Que vois-je ? Une fusée dans mon cadre ?

Mais une fois terminé, ce sera très joli, mon cher !

Il veut une fusée !

Une fusée ! Pourquoi pas la lune !

12. Je reconnais le passé composé...

*Partie orale et exercices collectifs : voir **Grammaire pour enseigner le français** p. 180.*

1. Dans ces textes, les verbes sont encadrés de rouge. Recopie ceux qui sont au présent.

Georges est allé à la pêche ce matin.

Il a pêché pendant trois heures. Il ramène un panier

plein de friture.

Quelle tempête ! Les volets ont claqué toute la nuit, les

vitres ont tremblé , l'orage a grondé Ce matin, la

pluie tombe encore et le vent souffle toujours.

2. Cherche les autres verbes : ils sont au passé composé. Recopie-les avec leur groupe jaune.

3. Tu continues.

Présent	→	*Passé composé*
il neige	→	il a neigé
elle chante	→	elle ...
Julien pleure	→	Julien ...
Judith soupire	→	Judith ...

4. Tu continues.

Passé composé	→	*Présent*
tu es tombé	→	tu ...
j'ai mangé	→	je ...
nous avons regardé	→	nous ...
ils ont dessiné	→	ils ...

La fusée, la fusée toujours la fusée ! ... Boulimène s'est plongée dans ses livres parce q
la lecture, c'est vraiment sa vie ...

5. Tu écris au passé composé. ◄

Maintenant, je regarde la télé. → Hier, j'ai regardé la télé !
Aujourd'hui, je dessine. → Hier soir, ...
Maintenant, je range ma chambre. → Ce matin, ...
Tous les soirs, nous jouons au football. → Hier soir, ...

6. Voici un texte : classe les verbes au passé composé en deux colonnes : ceux qui ont *avoir*, ceux qui ont *être*. ◄

Pierre ⬜ a couru ⬜ trop vite. Il ⬜ est tombé ⬜ sur les cailloux,

il ⬜ a sali ⬜ ses chaussettes, il ⬜ a cassé ⬜ ses lunettes.

Il ⬜ a pleuré ⬜ , il ⬜ est allé ⬜ chez lui. Son père ⬜ est arrivé ⬜ et

l' ⬜ a consolé ⬜

⬜ a couru ⬜   ⬜ est tombé ⬜

7. Voici des verbes conjugués, recopie-les en deux colonnes : *présent, passé composé*. ◄

es tombé   chantons   a décoré
trouvez   avez mangé   cherchent
          dîne   as parlé

8. Tu conjugues au passé composé.

⬜ Pierre ⬜ ⬜ est tombé ⬜   ⬜ Jérôme ⬜ ⬜ a cassé ⬜ une assiette.

⬜ Je ⬜   ⬜ Nous ⬜

⬜ Tu ⬜   ⬜ Vous ⬜

Le futur, c'est après...
PRÉSENT → FUTUR

▶ **1. Tu écris la phrase avec le groupe jaune qui est donné.**

Je chercherai des jeux pour les vacances.

Nous
Elles

Jérôme aura un beau bateau.

Tu
Vous

Mes parents iront à la campagne.

Nous
Vous

▶ **2. Tu relies les verbes conjugués à la même personne.**

ai	aurai	iront
as	aurez	irons
a	aurons	irez
avons	auront	irai
avez	aura	iras
ont	auras	ira

3. Tu écris en trois colonnes les formes du verbe *avoir*, du verbe *aller*, des verbes en « -er ».

aurai   avons   mangeras

    avez   va   toucheront

ont   allons   irez

  iront   cherchent   vas

    vais   regardent

4. Tu conjugues le verbe au présent.

Nous ..... une pièce de théâtre. (**préparer**)

Je ..... au théâtre pour répéter. (**aller**)

Luc et toi, vous ..... un texte très long à dire ! (**avoir**)

Tu ..... très souvent au théâtre ? (**aller**)

Tes parents t' ..... ? (**accompagner**)

> *Nous connaissons deux façons de conjuguer le verbe*
> *pour indiquer le futur :*
> **le futur 1, comme dans :**
> *Demain, je dessinerai, tu dessineras...*
> **le futur 2, comme dans :**
> *Demain, je vais dessiner, tu vas dessiner...*

---

5. Tu conjugues au futur, de deux façons :

Maintenant, je travaille. Demain, ...
Le spectacle commence à vingt heures. Demain, ...
Les danseurs répètent toute la soirée. Demain, ...
Tu vas chez le médecin. Demain, ...

6. Tu entoures le verbe, tu dis s'il est au futur 1 ou au futur 2.

Ex. : Vous irez à la mer (**f1**).

Quand vous irez dans les bois, vous ramasserez des champignons.
Tu vas ramener des fleurs sauvages ?
Je serai le premier !
Nous allons allumer un grand feu, quand nous serons à la maison.

7. Tu écris les phrases au futur 1.

Ex. : Aujourd'hui, je travaille beaucoup.
→ Demain, je travaillerai beaucoup.

Maintenant, tu regardes la télévision.
Ce soir, ...
Ce matin, Damien fabrique une maquette d'avion.
Ce soir, ...
En ce moment, nous écoutons un disque.
Après la classe, ...
Chaque jour, les hirondelles arrivent.
Dans quelques jours, ...

8. Tu écris les phrases de l'exercice précédent au futur 2.

9. Tu complètes le tableau.

	danser-	aur-	ir-	ser-
Tu	*danseras*			
On		*aura*		
Elles				*seront*
Je, J'				
infinitif			*aller*	

10. Tu entoures le verbe de rouge,
tu dis s'il est au futur 1 ou au futur 2.

Ex. : Dimanche, je vais manger *un sorbet.* (futur 2).

Ce soir, les lutins danseront dans le pré. (...)
Cendrillon va aller au bal. (...)
Chaperon Rouge portera un pot de beurre à sa grand-mère. (...)
Tu vas raconter une histoire. (...)
Nous ne sortirons pas la nuit. (...)

11. Tu conjugues au temps demandé.

Futur 1 :

Quand je serai grand, je jouerai de la batterie.
tu
Loïc
vous
les garçons

Futur 2 :

Cédric va pêcher ; il va ramener du poisson.

Tu
On
Cédric et moi
Cédric et David

12. Tu entoures le verbe de rouge et tu donnes son infinitif.

Cet été, nous aurons de longues vacances. (...)
Le temps sera beau. (...)
Nous nous promènerons. (...)
Les enfants partiront au bord de l'eau. (...)
Je jouerai dans le sable. (...)

13. Tu entoures le verbe de rouge et tu dis s'il est au présent ou au futur.

L'oiseau se cache dans les haies.
Vous danserez, à la fête de l'école ?
Les parents vont applaudir leurs enfants.
Je vais au marché tous les samedis.
Chut ! le bébé va dormir !

14. Pour chaque verbe, tu donnes l'infinitif, tu dis s'il est au présent ou au futur.

Ex. : Je prendrai le train. (prendre, futur)

Vous aurez des cadeaux. (..., ...)
Nous irons au jardin des plantes. (..., ...)
Cathy et moi avons la même robe. (..., ...)

Après avoir bien réfléchi, Galbinus et Rubéus se disent que leur travail de baliseurs irait beaucoup plus vite s'ils embauchaient les Ixtras. Mais pour cela, il faut leur enseigner la grammaire ! Galbinus donne aussitôt sa première leçon...

15. Tu réécris au futur 2.

Ex. : Je chanterai *.* → *Je* vais chanter

Nous danserons *.* →

Vous serez *sur l'estrade.* →

Ton père viendra *à la fête.* →

Les petits partiront *en excursion.* →

Tu iras *au bord de la rivière.* →

Je prendrai *le train.* →

Le passé, c'est avant...

PASSÉ → **PRÉSENT**

---

16. Tu entoures le verbe de rouge, tu donnes son infinitif, tu dis s'il est au passé, au présent, au futur.

Ex. : Demain, je vais aller *à la piscine.* **(aller, futur)**

Pierre est allé au cirque.   Nous allons manger des châtaignes.
Ma mère va au marché tous les samedis.   Je suis triste !
Tu auras froid à la montagne !   Catherine a attrapé un rhume.

Vous complétez : as de beaux yeux !

La fusée as de beaux yeux !

> **Pour indiquer le passé,
> nous connaissons :
> le passé composé, comme dans :**
> hier j'ai dessiné, tu as dessiné...

17. Tu réécris au passé composé.

Ex. : Aujourd'hui, je dessine. → Hier, j'ai dessiné.

Aujourd'hui, tu chantes. → Hier, ...
Aujourd'hui, elle apporte des fleurs. → Hier, ...
Aujourd'hui, ils jouent au ballon. → Hier, ...
Aujourd'hui, nous avons congé. → Hier, ...
Aujourd'hui, vous cherchez un livre. → Hier, ...

18. Tu réécris les verbes en trois colonnes :

passé **présent** **futur**

je conjugue   nous allons danser   vous avez skié
     je chanterai   tu as triché   elles porteront
il arrive   Jean est tombé   tu vas tomber

19. Tu écris le verbe au temps demandé.

Vous ... de jolies fleurs. (**apporter**, passé composé)
Les cyclistes ... sur la piste cyclable. (**rouler**, futur 1)
Cette foule ... au match ? (**aller**, présent)
Jérôme ... mes jouets ! (**cacher**, passé composé)
Nous ... des disques. (**chercher**, futur 2)

Euh, oui,
pourquoi pas...

Ah ! NON,
je suis désolé.
c'est a s
« A. S. »

Sans doute,
mais quand
on parle,
on n'entend pas
la différence...

14. *Le verbe* être *au présent et au futur* (1)

*Partie orale et exercices collectifs : voir **Grammaire pour enseigner le français** p. 182.*

1. Tu relies.

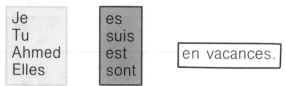

Je	es	
Tu	suis	
Ahmed	est	en vacances.
Elles	sont	

2. Tu relies.

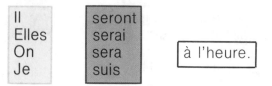

Il	seront	
Elles	serai	
On	sera	à l'heure.
Je	suis	

3. Tu complètes avec le verbe *être* au présent.

Je ... à l'école avec mes copains.
Tu ... toujours à l'heure.
Anne ... avec sa mère chez la voisine.
Elles ... contentes ?

4. Tu réécris les phrases du 3 au futur 1.

5. Tu fais marcher les machines.

Tu es là. [?]→
Je suis dans la lune. [ne]→
Pedro sera à la maison. [?]→
Mes copains seront à l'heure. [?]→

Du matin au soir, les Ixtras s'exercent à la grammaire...

*Rubéus ressemble
à fusée ratée.*

Nous avancer vite...

6. Tu reconnais le verbe et le temps.

Ex. : Nous avons des projets. (**avoir**, présent)

Ils sont joyeux. (... , ...). Ils vont en voyage. (... , ...).
Je serai dans le train à huit heures ! (..., ...)
Tu auras une grosse valise ? (..., ...)
Mes sœurs seront encore en retard ! (..., ...)
Elles ne trouveront pas le compartiment. (..., ...)

7. Tu écris le verbe au temps demandé.

Demain, tu ... en vacances. (**être**, futur 1)
Tu ... prêt pour le départ ? (**être**, présent)
Les automobilistes ... prudents sur la route. (**être**, futur 1)
Ils ne ... pas vite. (**rouler**, futur 1)
Il y ... des embouteillages ! (**avoir**, présent)
Mes parents ... heureux de rentrer chez eux. (**être**, présent).

8. Tu complètes et tu relies.

sont	en retard
es	en vacances
ont	
est	

Je serai,

Tu es

Ils seront,

Vous êtes

La fusée est toujours en panne !

Et moi, je suis tout à fait inutile à présent !

15. Le verbe être *au présent et au futur* (2)

*Partie orale et exercices collectifs : voir **Grammaire pour enseigner le français** p. 184.*

1. Tu relies.

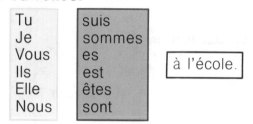

| Pedro et moi
Helena et toi
Toi et moi | nous
vous | sommes
êtes | en vacances. |

2. Tu relies.

| Tu
Je
Vous
Ils
Elle
Nous | suis
sommes
es
est
êtes
sont | à l'école. |

3. Tu écris les verbes en deux colonnes.

Nous plongerons - Nous sommes - Vous irez - Vous avez -
Nous serons - Elles auront - Ils ont - Ils sont - Vous avez -
Vous aurez.

Verbes au présent	Verbes au futur

4. Tu fais les transformations.

Elles ont beaucoup de courage. [masc.]→
Il est en retard. [plur.]→
Nous sommes sur la plage. [futur 1]→
Vous serez à la montagne. [prés.]→

C'est bien beau
de faire des exercices
à longueur de journée...

Mais la fusée sera
bientôt rouillée si on
ne la répare pas!

Eh bien, puisque
c'est comme çà,
je vous quitte!...

5. Tu réécris au futur 1.

Les voyageurs sont en retard.
Le train quitte la gare dans quelques secondes.
Vous n'avez pas le temps d'acheter un journal.
Nous sommes assis près de la fenêtre.

6. Tu complètes avec le verbe *être,* conjugué au présent.

— Qui ... tu ?
— Je ... le vent.
— Nous nous ... déjà rencontrés ?
— N' ... vous pas la pluie ? Où... les nuages ?
— Ils ... partis. Tu les as chassés !

7. Tu complètes avec le verbe *être* au futur 1.

Quand vous vous coucherez, le ciel ... tout rouge.
L'école est finie : demain, ce ... le départ. Si le temps reste
beau, les vacances ... agréables ! Nous ... dans l'eau tous les
jours !

8. Tu fais les transformations.

Mes parents aiment beaucoup la télévision. [ne]→
Vous êtes comme eux. Vous la regardez tous les soirs. [?]→
Nous sommes très contents des films. [ne]→
Vous avez un poste qui reçoit Canal plus. [?]→

Max et Boulimène prennent une décision importante...

> *Il faut que je connaisse par cœur*
> *la conjugaison au présent,*
> *du verbe* **avoir**, *du verbe* **être** *et du verbe* **aller**
> *Je l'apprends p. 94.*

1. Tu relies et tu complètes.

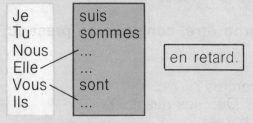

Je	suis
Tu	sommes
Nous	...
Elle	...	en retard.
Vous	sont
Ils	...

2. Tu complètes.

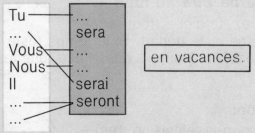

Tu	...
...	sera
Vous	...
Nous	...	en vacances.
Il	serai
...	seront
...	

3. Tu fais l'ensemble des formes au présent et l'ensemble des formes du verbe *être* au futur 1.

serons	suis	sommes	avons	es
	sera	seront		ont
serai		serez	chante	êtes
	sont		est	vais

ALLER
nous irons

J'irai
tu iras

4. Tu réécris au futur 2.

Le chat est près de la cheminée. Nous sommes contents de le retrouver. Anne lui apporte un bol de lait. Noiraud ronronne de plaisir !

**5. Tu entoures le verbe de rouge,
tu donnes l'infinitif et le temps.**

Ex. : Le canard $\boxed{barbote}$ *dans la mare* (**barboter**, présent).

Il aura du plaisir. (..., ...)
Nous serons nombreux à ce spectacle. (..., ...)
Vous n'êtes pas encore là ! (..., ...)
J'arriverai le premier. (..., ...)
Le renard est malin ! (..., ...)

Pour conjuguer le verbe avoir *au futur,*
je retiens : nous aurons ;
je peux alors retrouver tout le reste :
j'aurai, tu auras...

---

6. Tu complètes.

Vous ... bonne mine. (**avoir**, présent)
Je ... un vélo. (**avoir**, futur 2)
Tu ... une bonne note (**avoir**, futur 1)
Les oiseaux ... vers les pays chauds (**aller**, présent)
Il ... en retard. (**être**, futur 1)

7. Tu complètes ce tableau au présent.

	aller	apporter	être	avoir
Je, J'				
Nous		*apportons*		
Ils				
Tu				

> *Pour conjuguer le verbe* être *au futur,*
> *je retiens : nous serons ;*
> *je peux alors retrouver tout le reste :*
> *je serai, tu seras...*

8. Tu complètes ce tableau au futur 1.

	avoir	aller	être
Vous			
Ils			
Je, J'		*irai*	
Nous			

9. Tu fais les transformations.

Je suis pressé. [futur 1]⟼ ...
Il sera puni. [ne]⟼ ...
Tu es bavarde et bruyante. [?]⟼ ...
Vous êtes devant la porte. [futur 1]⟼ ...
Elles seront ravies. [prés.]⟼ ... [sing.]⟼ ...

10. Tu relies.

je soigne
tu restes
nous démarrons
vous tirez
elle a

Présent

elle a eu
nous avons démarré
tu es resté
vous avez tiré
j'ai soigné

Passé composé

11. Tu te sers de trois verbes de l'exercice précédent pour écrire trois phrases au passé composé.

12. Voici le verbe *avoir* au passé composé. Tu le conjugues.

J' ai eu mal au ventre. Tu ...

il ...   ,

Le verbe **être** *sert quelquefois à conjuguer le passé composé, comme dans cette phrase :*

Hier, Marion est allée *à la pêche,*

elle est tombée *dans l'eau !*

---

13. Tu essaies de conjuguer au passé composé le verbe *aller*, le verbe *tomber*, le verbe *rester*. Attention, c'est difficile ! Demande au maître ou à la maîtresse de t'aider.

14. Tu fais trois ensembles : les verbes au présent, les verbes au passé composé, les verbes au futur 1.

exécute   est resté   jappera

    a habité   criera   tournera

marche   est tombé   a secoué

> *Le verbe se conjugue :*
> *sa terminaison change avec le groupe jaune.*

1. Tu relies

| Je Tu Il On Nous Vous Ils | es suis sommes êtes est sont | à la cave | J' Tu Il On Nous Vous Ils | ai avons as avez ont a | froid. |

2. Tu relies et tu écris les phrases.

| Elles Il Je On Tu Nous Vous | savoure entrent préfère pèses achetez mangeons | la baguette fraîche le beurre du pain frais une tartine chez le boulanger un croissant |

3. Tu conjugues le verbe au présent.

Cette fillette turbulente .... tous ses jouets ! (casser)

Vous .... les prix ? (relever)

Les croissants .... appétissants ! (être)

...........-vous l'heure ? (avoir)

Et puis, ce matin-là...

Nous avons une importante à vous question poser !

Nous un garage cherchons pour notre fusée réparer...

Mais... ils parlent

4. Tu conjugues le verbe au présent.

Nous n' .... pas faim ! (avoir)

Vous .... dans la rue principale. (être)

Est-ce que tes parents .... au marché ? (aller)

Sur le passage pour piétons, on .... la priorité. (avoir)

5. Tu conjugues au présent.

aimer les bandes dessinées. → Nous ...
aller à la cantine. → Vous ...
être dans le noir. → Tu ...
porter un sac lourd. → Lui et moi, ...
avoir de la place au garage. → Les voitures ...

> *Le tableau de conjugaison donne beaucoup*
> *de renseignements sur le verbe. Sais-tu t'en servir ?*

6. Tu trouves un verbe.

Ex. : *Nous ... chez lui.* → *Nous entrons chez lui.*

Ils ne ... pas au stade cette semaine ?
Nous ne ... pas en colère !
...-vous des bougies sur le gâteau d'anniversaire ?
Tu ... encore en retard !

7. Tu recopies la loi du futur 1 de la table de conjugaison, et tu donnes le futur 1 de

aller : nous ... ; prendre : nous ...
venir : nous ... ; faire : nous ...

SUITE P. 96

> **À l'infinitif, les verbes n'ont pas de groupe jaune :
> ils ne sont pas conjugués !**

8. Voilà des verbes, tu fais les ensembles que tu veux.

suis   allons   vont   avons   mangent
es   va   allez   mange
sommes   manges
est   irai   ai   mangeons
êtes   as   avez   mangez

9. Tu donnes l'infinitif des verbes de l'exercice précédent.

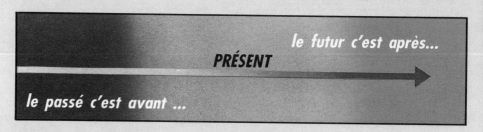

le futur c'est après...

PRÉSENT

le passé c'est avant ...

**10. Tu relies, et tu écris les phrases
(attention à la ponctuation !).**

je	distribueront	en usine
il	travaillerai	des tracts
elles	préparerons	les chaussures
tu	réparera	la chaîne de montage
nous	visiterez	dans l'usine
vous	entreras	de bons petits pats

11. Tu entoures le verbe, tu donnes l'infinitif et le temps.

Ex. : *Elle* | casse | *une branche de lilas.* (casser, prés.).

Tu confectionneras un gros bouquet.
Nous allons avoir beaucoup de fruits sur le pommier !
Seront-ils dans le verger ?
Nous allons cueillir les pommes mûres ; les autres,
nous les laisserons.
Je ne serai pas souvent dans le jardin.
De ton abri, tu as photographié le vol des mouettes.
Vous avez de la paille dans les cheveux.

12. Tu écris au passé composé.

Ex. : *Le cordonnier répare mes chaussures.*
→ *Le cordonnier a réparé mes chaussures.*

Julien reste le dernier dans la classe.
Boulimène rate son exercice.
Le professeur Gambrinus lance une fusée dans la lune.
Les Ixtras cherchent un garage.
Je termine enfin cet exercice !

13. Tu complètes le tableau au futur 1, et tu inventes des phrases.

	travailler	aller	être	avoir
je, j'				
on				
tu				
nous			*seras*	
vous				
elles				

Que va-t-il arriver à nos explorateurs de la grammaire ?
eur dévoilera-t-on le grand secret de la planète ?
ar la fusée Ixtra n'est pas encore partie !...
lors, à bientôt ! Au CE₂...

LE PRÉSENT ... *j'ai froid, je rentre !...*

LES VERBES EN -ER

Ex : *chanter*
je chant-e
tu chant-es
on, elle, il chant-e
elles, ils chant-ent
nous chant-ons
vous chant-ez

LES VERBES IRRÉGULIERS

avoir	***aller***	***être***
j' ai	je vais	je suis
tu as	tu vas	tu es
il a	il va	il est
ils ont	ils vont	ils sont
nous avons	nous allons	nous sommes
vous avez	vous allez	vous êtes

LE FUTUR 1 ... *il fera beau, nous sortirons !...*

● LE FUTUR 1 SE FORME PRESQUE TOUJOURS AINSI :

infinitif + ai, as, a, ont, ons, ez → futur 1

Ex. : *chanter*
je chanterai
tu chanteras
on, elle, il chantera
elles, ils chanteront
nous chanterons
vous chanterez

Ex. : *finir*
je finirai
tu finiras
on, elle, il finira
elles, ils finiront
nous finirons
vous finirez

● POUR CERTAINS VERBES, IL FAUT CONNAÎTRE UNE FORME POUR TROUVER TOUTES LES AUTRES :

avoir : *nous aurons → j'aurai, tu auras, il aura...*
être : *nous serons → je serai, tu seras, il sera...*

Retiens aussi : ***nous ferons, nous irons, nous prendrons, nous viendrons...***

LE FUTUR 2 ... *le clown va entrer, nous allons rire!...*

NE SEULE LOI POUR TOUS LES VERBES!

aller au présent + infinitif → futur 2

vais, va, va, vont, allons, allez + chanter → je vais chanter, tu vas chanter...

futur 2 de avoir	*futur 2 de être*	*futur 2 de finir*
je vais avoir	*je vais être*	*je vais finir*
tu vas avoir	*tu vas être*	*tu vas finir*
on, elle, il va avoir	*on, il, elle va être*	*on, il, elle va finir*
elles, ils vont avoir	*elles, ils vont être*	*elles, ils vont finir*
nous allons avoir	*nous allons être*	*nous allons finir*
vous allez avoir	*vous allez être*	*vous allez finir*

LE PASSÉ COMPOSÉ ... *Hier il a plu : les enfants sont restés au chaud.*

NOUS SAVONS RECONNAÎTRE LE PASSÉ COMPOSÉ : *il a plu, vous êtes tombés, je suis resté, tu as éternué...*

**Au passé composé, le verbe s'écrit toujours en deux mots;
le premier mot, c'est** AVOIR **ou** ÊTRE **conjugué au présent :**

verbe chanter	*verbe tomber*	*verbe finir*
j' ai chanté	*je suis tombé*	*j' ai fini*
tu as chanté	*tu es tombé*	*tu as fini*
on, elle, il a chanté	*on, elle, il est tombé*	*on, elle, il a fini*

▶ *nous apprendrons la suite de cette conjugaison au CE2* ◀

N° d'éditeur 10020662 - (IV) - 31 - (OSB) - 80 - MCP
imprimé en France. Mars 1994
par Mame Imprimeurs à Tours (N° 31682)